LETTRE DE BARNAVE

DU 30 JUIN 1790

À LA SOCIÉTÉ DES AMIS DE LA CONSTITUTION

DE GRENOBLE

PAR

M. DE BEYLIÉ

Extrait du Bulletin historique et philologique, 1899

PARIS

IMPRIMERIE NATIONALE

MDCCCC

LETTRE DE BARNAVE

DU 30 JUIN 1790

À LA SOCIÉTÉ DES AMIS DE LA CONSTITUTION

DE GRENOBLE

PAR

M. DE BEYLIÉ

Extrait du *Bulletin historique et philologique*, 1899

PARIS

IMPRIMERIE NATIONALE

MDCCCC

LETTRE DE BARNAVE,

DU 30 JUIN 1790,

À LA SOCIÉTÉ DES AMIS DE LA CONSTITUTION

DE GRENOBLE.

La lettre de Barnave dont le texte suit avait pour objet de renseigner les « Amis de la Constitution » de Grenoble sur les origines et le fonctionnement du club des Jacobins et de la Société de 1789, ainsi que sur la situation des partis au moment où elle était écrite. Elle renferme en outre l'exposé des vues personnelles de Barnave sur le rôle de l'opposition et des clubs.

Le fragment relatif au club des Jacobins et à la Société de 1789 a seul été publié (OEuvres de Barnave, t. IV, p. 333). Tout le reste est inédit.

Le passage publié ne semble pas avoir été utilisé par les historiens de la Révolution. Il a dû passer inaperçu à cause du titre vague sous lequel il figure dans la publication dont il fait partie.

La perte des procès-verbaux du club des Jacobins lui donnait cependant une valeur toute particulière, au moment où il paraissait (1843), au point de vue de l'histoire des origines du célèbre club. On était loin de posséder alors, sur ce sujet, tous les renseignements que les mémoires publiés depuis ont fournis.

Aujourd'hui, les indications que ce passage renferme ne font plus guère qu'apporter une confirmation, à coup sûr des plus autorisées, à ce que l'on sait déjà. Le seul détail non encore relevé qu'on y trouve est la mention de la redevance annuelle demandée par la Société de 1789 à ceux de ses membres qui n'étaient point députés à l'Assemblée nationale. Cette redevance était de 120 fr.

La lettre débute par le fragment publié. Vient ensuite, dans la portion inédite, une dissertation dans laquelle Barnave développe son opinion sur la mission que s'attribue la Société des « Amis de la Constitution » et que, suivant lui, doivent s'attribuer les clubs politiques dans un pays libre.

M. de Beylié.   2.

Il estime qu'à côté du pouvoir officiel des grandes administrations de l'État doit fonctionner le pouvoir officieux des clubs, exerçant sur le premier une double influence, pondératrice par la vigilance, stimulatrice par l'initiative.

« On trouvera toujours suffisamment, dit-il, des hommes de talent et de vertu pour se vouer à la direction du pouvoir exécutif au ministère... Mais il n'est pas moins nécessaire à la conservation de la liberté que des hommes capables et fermes se vouent à veiller sans cesse pour elle ; que sans être les ennemis du pouvoir exécutif, ils en soient les sentinelles sévères ; que même, pour s'assurer parfaitement d'eux-mêmes, ils se raffermissent contre toute séduction, en se promettant de ne pouvoir rien désirer, de ne jamais rien accepter. »

Pour peu qu'on ait étudié la vie et l'œuvre de Barnave, on sent qu'en parlant de la mission attribuée aux hommes capables et dévoués qui renoncent aux avantages du pouvoir, afin de mieux servir leur pays, il caractérise le rôle que lui-même et ses amis ont assumé.

On voit percer là le noble caractère de Barnave, plus ambitieux d'influence que d'honneurs et de profits, se vouant tout entier, dans le sentiment du désintéressement le plus complet, à la cause de la patrie et du progrès.

La lettre se termine par un post-scriptum renfermant des détails sur une tentative faite en vue d'assurer l'achèvement de la Constitution, pour la fête de la Fédération, et de profiter de l'enthousiasme du moment pour opérer une parfaite réunion du club de 1789 et de celui des Jacobins, ou plutôt des députés appartenant à ces deux clubs.

On sait (voir Aulard, *La Société des Jacobins*, t. I, p. 153) que le 7 juin 1790, sur la motion de Barnave, la Société des Amis de la Constitution chargea son président, qui, à cette date, n'était autre que Barnave lui-même, d'inviter tous les membres de la société, qui étaient députés à l'Assemblée nationale, à se réunir le lendemain, dans une séance extraordinaire, pour aviser aux moyens d'achever, avant le 14 juillet, les décrets constitutionnels, de manière que la Constitution entière pût être jurée solennellement par la Fédération générale indiquée à Paris pour cette époque.

Le post-scriptum de Barnave donne quelques indications complémentaires sur cette tentative. Il nous apprend que la réunion projetée eut effectivement lieu aux Jacobins et que les députés seuls y furent convoqués, et il semble qu'il ait voulu parler non seulement des députés appartenant au club des Jacobins, mais de tous les députés. Il nous fait également connaître que les propositions faites dans cette circonstance furent accueillies avec enthousiasme, sauf par quatre ou cinq opposants qui conduisirent à temporiser et aboutirent finalement à l'abandon du projet. Il termine en mentionnant qu'à la suite de ces négociations la plupart des députés qui avaient été présentés à la Société de 1789 s'en éloignèrent pour s'attacher à celle des Jacobins.

Ce qui donne à cette lettre sa valeur historique, c'est qu'elle émane d'un homme assurément bien placé pour connaître les faits dont il parle. Barnave, au moment où il l'écrivait, venait de quitter la présidence du club des Jacobins, dont il avait d'ailleurs été l'un des fondateurs, et il était à la veille d'être élu président de l'Assemblée nationale.

La lettre, dans l'ensemble de son texte, est de la main d'un secrétaire, vraisemblablement de celle de David, secrétaire particulier de Barnave ; mais elle est signée, et le post-scriptum, ainsi qu'un certain nombre de surcharges, sont de l'écriture de Barnave.

Elle se trouve aux archives de l'hôtel de ville de Grenoble, dans la série LL sous le n° 64.

L'éditeur des Œuvres de Barnave la donne comme ayant été adressée à la municipalité de Grenoble ; mais les destinataires paraissent avoir été les membres du club des Amis de la Constitution de cette ville.

Si, en effet, la lettre ne porte aucune suscription spéciale et se trouve aux archives de la ville, il est à remarquer qu'elle est placée dans un dossier renfermant la correspondance reçue par les Sociétés populaires, et que le registre de copie des lettres de la municipalité ne contient aucune trace de demande de renseignements de la nature de celle à laquelle répond Barnave.

M. Bérenger, de la Drôme, qui a dirigé la publication des Œuvres de Barnave, n'y a pas fait figurer cette lettre en entier, pour un double motif : pour n'avoir pas jugé que tout le texte qu'il avait sous les yeux eût la même valeur, et aussi pour n'avoir pas connu le texte complet. Il n'a vu que le brouillon, demeuré dans les papiers de Barnave, et sur lequel ne figurent ni les surcharges ni le post-scriptum ajoutés à la dernière heure. On en trouve la preuve dans ce fait que M. Bérenger n'a pas reproduit les surcharges relatives au passage publié.

Dans la présente copie, les passages inédits autographes sont imprimés en caractères italiques, les paragraphes, également inédits, mais écrits de la main du secrétaire de Barnave, sont placés entre guillemets.

Texte de la lettre de Barnave.

Paris, 3o juin 1790.

Messieurs,

J'ai fait part à la Société des Amis de la Constitution de votre adhésion à l'arrêté qu'elle a pris en faveur des manufactures nationales et des instructions que vous lui avez adressées sur les inquiétudes relatives au mouvement des troupes du roi de Sardaigne. Je vais répondre en particulier à l'objet sur lequel vous m'avez fait l'honneur de me consulter personnellement.

Il est impossible de dissimuler que l'union n'est pas aussi parfaite qu'il serait à désirer entre les membres du parti populaire de l'Assemblée nationale, *mais la division très peu étendue et infiniment moins prononcée qu'on ne paraît le croire, ne présente pas, je crois, de danger pour la chose publique.* (La partie en italique est de la main de Barnave).

Peu de temps après la translation de l'Assemblée nationale à Paris, c'est-à-dire à la fin du mois de novembre 1789, trente personnes, dont huit ou dix étaient membres de l'Assemblée nationale, formèrent entre elles une coalition d'affaires dont l'objet paraissait être de former un nouveau ministère et de s'y placer. M. de Mirabeau, l'un des trente, fit, dans cette vue, une motion qui a fait un assez grand bruit dans le temps et qui fut regrettée (ou rejetée?) [1] par l'Assemblée nationale.

Cette société n'eut aucun succès et fut décriée dans l'Assemblée nationale, sous le nom de Comité des Trente, aussitôt qu'elle y fut connue.

Le comité des Jacobins qui s'était formé dans le même temps, mais dont le caractère était la publicité et où tous les patriotes avaient le droit d'être admis, acquit au contraire la plus grande consistance, devint le plus ferme appui de la Révolution et assura au parti patriote la majorité dans l'Assemblée nationale.

Ce Comité devint par là même l'objet de la haine la plus active pour les ennemis de la Révolution. Il devint également odieux à la cour, soit que les

[1] Le mot n'est pas très lisible.

dispositions en faveur de la Constitution n'y fussent pas aussi sincères que quelques démarches du roi auraient pu le faire croire, soit que les principes de cette société y fussent calomniés.

Quelques membres du Comité des Jacobins excités ou par les suggestions des ministres, ou par le regret de ne pas exercer dans l'Assemblée nationale et dans le Comité toute l'influence qu'ils auraient désiré, cherchèrent à en détacher un grand nombre de députés et les invitèrent à des séances particulières qui se tenaient aux mêmes heures que les assemblées des Jacobins, chez M. de Crillon. Ils en attirèrent jusqu'à cent vingt.

Cette scission répandit une grande inquiétude, mais elle dura très peu. Les députés restés fidèles aux Jacobins firent les démarches les plus actives et les plus fraternelles pour ramener ceux qui s'en étaient éloignés; ceux-ci, qui étaient presque tous d'excellents patriotes qu'on avait entraînés, les uns en leur disant que la présence des étrangers aux Jacobins y rendait les discussions trop publiques, les autres en irritant leur amour-propre sur ce que le Comité des Jacobins qui était en possession de faire les élections de l'Assemblée nationale ne les avait pas encore élevés aux honneurs du secrétariat des Comités, etc., revinrent à l'instant sur leurs pas dès qu'on leur eut fait apercevoir les dangers de cette division, et le comité de M. Crillon fut dissous.

Alors, l'ancienne Société des Trente se réveilla, elle s'associa à un très grand nombre de personnes sous le nom de Société de 1789 et, par une disposition assez extraordinaire, tandis que les membres ordinaires de la société devaient payer 120 francs par an pour sa dépense, les députés à l'Assemblée nationale qui voulurent être inscrits sur la liste furent dispensés de la contribution.

Cette Société est, aujourd'hui, d'environ trois cents personnes. De ce nombre sont quarante à cinquante membres de l'Assemblée nationale. Je mets en dehors du nombre ceux qui sans contribuer, ont été inscrits sur la liste et ne vont point aux séances.

Le reste est principalement formé de banquiers et gens de finance très riches, de gens de lettres dont plusieurs ont une réputation bien méritée, et surtout d'un grand nombre de jeunes gens de la cour ou d'une grande fortune, qui, en quittant le parti de l'aristocratie, aujourd'hui absolument décrié, s'attachent à cette Société pour se placer dans le nouveau système, sans renoncer aux avantages qu'on s'expose à perdre soit à la cour, soit dans les sociétés en s'attachant aux Jacobins.

Il est certain que la Société de 1789 renferme plusieurs personnes d'une capacité reconnue et d'autres, en grand nombre, d'une probité au-dessus de tout reproche. Après cela, on l'accuse d'être guidée par des chefs qui sont guidés eux-mêmes par des vues personnelles de fortune et d'ambition. On pense que cette société est formée pour devenir le berceau et l'appui du parti ministériel dans nos Assemblées législatives. On dit que la corruption étant éloignée de notre représentation, soit par la perfection de nos formes d'élection, soit par la fréquence du renouvellement, cette société, à laquelle on veut procurer des affiliations dans tous les départements, servira, par le crédit, les talents, la fortune de ceux qui la composent, à suppléer aux moyens que notre Constitution enlève aux ministres pour s'assurer une constante majorité dans le Corps législatif.

La Société des Jacobins offre une physionomie toute différente : elle est composée de douze à treize cents membres, desquels plus de trois cent-soixante sont députés à l'Assemblée nationale. *Les Assemblées sont ordinairement de quatre à cinq cents personnes.* (La phrase en italique est de la main de Barnave.) A côté d'un grand nombre d'hommes riches et accrédités et d'un beaucoup plus grand nombre d'hommes célèbres par leurs connaissances et leurs talents, sont des patriotes de qui on n'a exigé d'autres titres qu'une conduite constante dans la Révolution et un zèle assez éclairé pour s'intéresser et prendre part aux discussions politiques qui sont le seul objet dont la Société s'occupe. Les admissions s'y délibèrent à haute voix, d'après le rapport de trente commissaires chargés de prendre des instructions (informations?) sur les personnes présentées. Elle a des affiliations et une correspondance dans presque toutes les villes importantes du royaume.

La Société des Jacobins croit avoir eu la plus grande part à la Révolution, et son esprit actuel est d'en assurer les fruits à la nation. Sa gloire est d'être conservatrice de la Constitution ; c'est le seul genre d'influence qu'elle prétend exercer.

Aucun membre de l'Assemblée nationale n'a quitté cette Société, mais ceux qui sont attachés à celle de 1789 y viennent peu. Cependant ils évitent de paraître s'en éloigner et ils s'y montrent surtout très exactement dans les occasions où le public les accuse de se détacher du parti patriote. Le reste des membres de l'Assemblée nationale attaché à la Société est très exact aux séances, et ne s'en absente que dans les moments absorbés par le travail des comités particuliers de l'Assemblée. Le nombre des personnes qui s'y présentent est toujours plus considérable, et chaque semaine on y reçoit des patriotes distingués de la capitale et des membres de l'Assemblée nationale qui, quoique attachés au parti populaire, ne s'y sont pas fait encore recevoir. En un mot, pour parler franchement, à la gauche du président on n'ose pas dire qu'on n'est pas encore de la Société des Jacobins, et, hors quarante ou cinquante personnes, on a peine à avouer qu'on s'est trouvé à celle de 1789.

Les membres de cette dernière société ne sont pas moins, dans la plupart des questions, du même avis que les autres. Il est même des questions, telle qu'a été celle de l'institution des juges par le roi, où ils sont partagés entre eux. Ils sont attachés à une réputation et, souvent, ils viennent dans l'Assemblée avec l'intention d'y soutenir une opinion, mais ils en sont détournés par la manière dont la majorité fait connaître son vœu.

«Ce serait être injuste que de croire qu'on n'a aucun service à attendre
d'eux dans l'avenir. Ils ont une réputation à soutenir; plusieurs ont de
grands talents, plusieurs sont irréprochables dans la pureté de leurs inten-
tions, entraînés par l'ascendant de ceux avec qui ils sont accoutumés de
vivre.»

«Il serait également mal vu (pensé?) d'établir de grandes inquiétudes sur
cette division. L'influence de l'opinion publique et la surveillance de
l'Assemblée, dont quelques circonstances ont réveillé les soupçons, suffit
pour assurer que des décrets décidément mauvais n'obtiendront jamais la
majorité.»

«Mais, ce que les bons citoyens doivent bien se dire, comme aujourd'hui
tous les membres de l'Assemblée nationale se le disent, c'est qu'il ne faut
accorder de confiance aveugle à qui que ce soit; c'est qu'il faut, en toute
occasion, juger les actions, les opinions et non les personnes, c'est que si l'on
pouvait accorder une confiance absolue à des hommes, ce serait au moins
après les avoir vus pendant dix ou quinze ans résister à tous les genres de
séductions, et non pas seulement montrer durant une année une énergie
qu'on peut devoir quelquefois à des qualités toutes différentes d'un caractère inaltérable.»

«On conquiert la liberté avec de l'enthousiasme, mais on la conserve, au
contraire, en résistant à l'enthousiasme, et nulle part, il n'est plus nécessaire qu'en France de se pénétrer de cette vérité.»

«Il est impossible que le ministère n'ait pas un parti puissant dans les
prochaines législatures, mais, si l'on considère que notre Constitution qui
donne au roi, par le veto suspensif, un moyen extrêmement puissant de
conserver les prérogatives qui lui sont attribuées par la Constitution, ne
pourrait jamais créer un moyen parfait de parer à ses usurpations s'il avait
constamment, dans la législature, une majorité toute acquise, on pensera
qu'il est nécessaire que l'influence ministérielle soit toujours contenue par
une opposition respectable, capable de l'empêcher d'attenter à la Constitution. On pensera qu'il faut que la législature soit composée d'une majorité d'hommes qui, toujours prêts à adopter les idées utiles et constitution-
nelles qui leur seront présentées, soient toujours en garde contre les
pièges qui pourraient leur être tendus pour altérer insensiblement la Constitution.»

«Voilà ce que l'esprit de la Société des Amis de la Constitution tend à
assurer, et voilà, je crois, ce qui doit former l'esprit de toutes les sociétés
qui font cause commune avec celle-ci; voilà ce qui doit surtout guider dans
l'élection des députés; voilà ce que les parties du royaume qui ont assez
contribué à la Révolution pour la considérer comme leur ouvrage doivent
se charger d'effectuer.»

«Je sais que l'administration d'un grand royaume, que l'action du gou-
vernement et le mouvement de la machine politique exigent que des hommes

de talent et de vertu se vouent particulièrement à la direction du pouvoir exécutif au Ministère, avec différents emplois, mais il est certain qu'il se trouvera toujours suffisamment de cette espèce d'hommes, et il n'est pas moins nécessaire à la conservation de la liberté, que des hommes capables et fermes se vouent à veiller sans cesse pour elle; que, sans être les ennemis du pouvoir exécutif, ils en soient les sentinelles sévères; que, même pour s'assurer parfaitement d'eux-mêmes, ils se raffermissent contre toute séduction en se promettant de ne jamais rien désirer, de ne jamais rien accepter. En Angleterre, on se meut dans une constitution dont les limites sont fortement prononcées : les deux partis se battent pour gouverner, tous deux sont corrompus, tous deux veulent des places et de la fortune. En France, la première sauvegarde de la Constitution, c'est la pureté de la majorité du Corps législatif que sa forme et le fréquent renouvellement des élections doivent nous faire espérer. Notre opposition ne doit donc pas être composée d'hommes qui veulent remplacer le ministère pour le remplacer, mais d'hommes détachés de toute ambition qui veulent que sa constitution demeure intacte, qui ne contrarient pas les opérations utiles parce qu'ils n'ont aucun intérêt à renverser ceux qui gouvernent, mais qui soient toujours prêts à les arrêter au premier pas qui commencerait ou qui préparerait une usurpation. »

« Voilà, je pense, les espèces d'hommes que les Sociétés des Amis de la Constitution doivent s'attacher à former, et cela n'est pas aussi simple qu'on pourrait le croire, car, pour conserver ce caractère, il ne suffit pas d'être probe et désintéressé, il faut savoir résister à tous les moyens d'erreur et de séduction, mépriser les calomnies qu'on entend débiter contre soi, et se méfier de celles qu'on cherche à vous insinuer contre les autres, renoncer à l'empressement des sociétés les plus brillantes, pour se concentrer parmi ses amis, ne pas craindre de se voir déchirer par un essaim de libelles, voir ternir même la satisfaction qu'on pourrait recevoir de l'empressement du peuple par les accusations constantes de vos ennemis, de le payer et de le mouvoir (?). »

Si ces réflexions sont justes, il me semble qu'il en résulte que la Société de 1789 est d'une nature absolument différente de celle des Amis de la Constitution; que sans avoir à se prononcer sur le degré d'estime qui lui est due, le but de son institution, l'esprit qui doit l'animer sont absolument distincts et qu'il est impossible de les confondre.

Que la division qui a paru se manifester dans le parti populaire est beaucoup moins alarmante qu'on ne pourrait le croire, les principes étant tellement posés, et les personnes tellement liées par leur conduite précédente, qu'il n'est pas à craindre que des opinions gravement mauvaises obtiennent la majorité.

Que, quant aux jugements à porter sur les individus, il n'appartient qu'à ceux qui les voient et les observent de très près de porter un avis décidé sur la personne, que la nation ne peut juger que la conduite, les opinions, les actions; que la confiance aveuglément attachée à l'homme même est indigne d'un peuple libre et ne peut au moins être excusée que par de très longues et très constantes épreuves. Vous n'exigerez point que je vous donne sur les personnes ma propre opinion; elle est suffisamment prononcée sur ceux avec qui je suis intimement lié par mon attachement pour eux, et, parmi ceux mêmes avec qui je n'ai pas toujours été d'accord, il en est à qui elle serait très favorable, eu égard à la (sa) pureté; mais elle tient à une multitude de petites choses qu'on ne dit pas, et l'on ne doit pas mettre au jour ses résultats quand on veut cacher ses preuves ou ses indices. D'ailleurs, ce genre de jugement n'est point nécessaire au public. Son seul besoin, c'est la conduite et les actions des hommes publics; sa seule sagesse envers eux, c'est de louer ou d'improuver leurs actions et de n'accorder jamais à la personne même, une confiance qui puisse la rendre dangereuse au moment où elle. . .[1].

Enfin, Messieurs, ce qui en résulte de plus important, c'est que pour que la Révolution, pour que le nouvel ordre prenne son assiette, il est indispensable que les législatures, et surtout la première, soient composées d'une majorité d'hommes sur lesquels on puisse invariablement compter. Car il était facile de résister au parti honteux, décrié, ennemi évident de l'intérêt public qui, loin de nuire à l'Assemblée nationale, a servi jusqu'à présent à resserrer l'union des patriotes. Mais il sera bien plus difficile d'échapper à tous les genres d'influence et de séduction qui vont être employés pour mettre une constante majorité du côté des ministres, et nous conduire sourdement à l'altération de la Constitution.

Je vous prie, Messieurs, de vouloir bien excuser le retard et l'incorrection de cette réponse; il y a huit jours que je la porte dans ma poche pour l'achever, rien n'égale la continuité des occupations les plus pressantes si ce n'est la lassitude et le besoin absolu de repos dans les moments qui leur succèdent. Je ne puis pas prendre le temps de corriger cette lettre. Je vous envoie mes premières pensées que je ne craindrai jamais de mettre à découvert devant vous. Je suis, avec l'attachement le plus fraternel et la plus invariable fidélité, votre très humble et très obéissant serviteur.

BARNAVE.

(Le post-scriptum qui suit est tout entier de la main de Barnave.)

2 juillet.

Je vous envoie un écrit que M. Alex. de Lameth vient de publier et qui, connu d'avant-hier seulement, a produit déjà ici la plus grande et la plus

______
[1] Ici quelques mots manquent.

générale impression, je me borne à vous en assurer la véracité dans la narra-
tion des faits.

Une circonstance que j'ai omise dans ma lettre et qu'il est intéressant de connaître, c'est que lorsque la fédération du 14 juillet a été arrêtée, quelques
personnes au nombre desquelles j'étais, ont espéré que l'enthousiasme de ce
moment et le désir de pouvoir faire jurer par la fédération la constitution achevée,
pourrait opérer une parfaite réunion. En conséquence, nous avons convoqué aux
Jacobins une assemblée extraordinaire des députés seulement. Tous les moyens
de se rapprocher, de presser le travail sur les objets constitutionnels ont été
proposés, enfin on est allé jusqu'à consentir une chose peut-être très dangereuse, c'est que les étrangers fussent absolument exclus de la Société, et que
les députés qui déjà avaient par semaine deux séances particulières les occu-
passent toutes jusqu'à ce que les travaux constitutionnels fussent achevés. Ces
propositions étaient accueillies avec enthousiasme, quatre ou cinq personnes ont
présenté des obstacles, ont conduit à temporiser ; le projet s'est évanoui avec la
seule circonstance que, de ce jour, la plupart des députés qui avaient été présentés à la Société de 1789 s'en sont éloignés pour rester attachés à celle des
Jacobins.

[Archives municipales de Grenoble. LL. 64.]

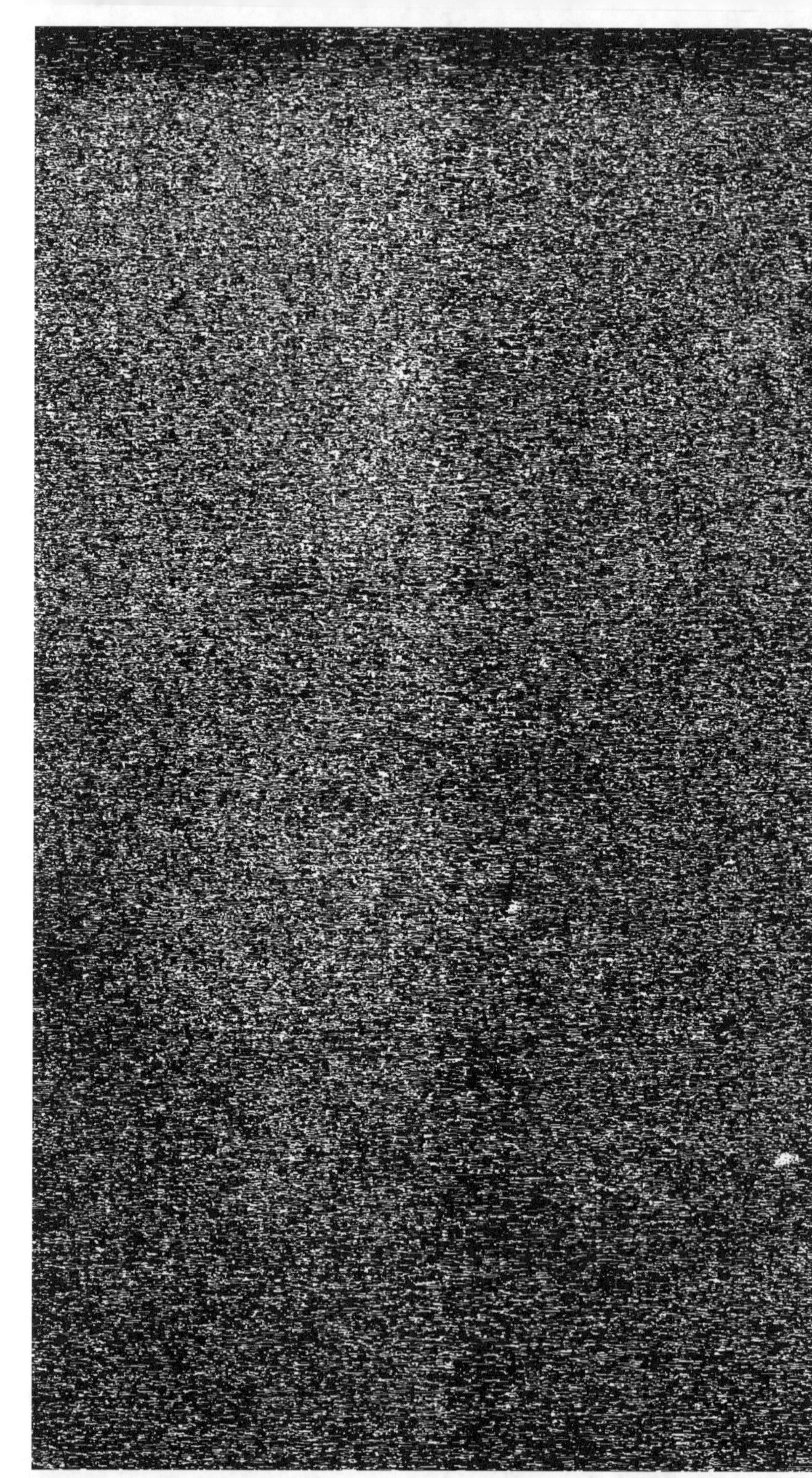